DENTRO LA NATURA

il Girasole

Testi Andrew Hipp
Illustrazioni Andrea Ricciardi di Gaudesi

Jaca Book

Prima edizione italiana Aprile 2004

Ideazione e realizzazione Andrea Dué s.r.l.

testi Andrew Hipp
traduzione dall'inglese Gloria Romagnoli

illustrazioni
Andrea Ricciardi di Gaudesi
e Alessandro Baldanzi, Studio Stalio

cartina geografica
Alessandro Bartolozzi

consulenza scientifica per le illustrazioni
Riccardo Maria Baldini

selezioni del colore RAF Fotolito, Firenze
stampa e confezione Eurolitho s.p.a., Milano

ISBN 88-16-57251-5

Per informazioni sulle opere pubblicate e in programma
ci si può rivolgere a Editoriale Jaca Book, Servizio Lettori
Via Gioberti 7, 20123 Milano
tel. 02 48561520/29 – fax 02 48193361
e-mail: serviziolettori@jacabook.it
sito internet: www.jacabook.it

Indice

La grande famiglia del girasole

I girasoli possono diventare molto grandi, alti più di tre metri, con foglie larghe come il tuo petto e la testa delle dimensioni della faccia di un orso.

Eppure il girasole fa parte della stessa famiglia dell'aster, che ha la testa più piccola di una monetina da dieci centesimi. Altri membri di questa famiglia sono la cicoria selvatica, i cardi spinosi, la calendula, il fiordaliso, il dente di leone e le margherite.

Infatti questa vasta famiglia di piante è una delle più estese del regno vegetale – le Composite o Asteracee. Conta oltre 20.000 specie, ma il girasole è senz'altro il suo rappresentante più conosciuto in tutto il mondo.

Girasole
(Heliantbus annuus)

In giro per il mondo

Esistono circa 50 specie diverse di girasole selvatico, tutte originarie dell'America settentrionale. Ce ne sono con foglie strette e foglie larghe, con steli pelosi e steli lisci. Gran parte dei girasoli selvatici cresce nei prati, ma a volte se ne trovano anche ai margini dei boschi.

Gli Indiani d'America cominciarono a coltivare i girasoli migliaia di anni fa. A quel tempo le teste erano più piccole, circa 30 centimetri di diametro. Nel Cinquecento, viaggiatori europei che visitarono l'America del Nord riportarono dei girasoli in patria al loro ritorno. Nel Settecento il girasole domestico giunse in Russia, dove venne coltivato per produrre olio alimentare. Nacque un'importante industria, e ancora oggi circa un quarto dell'olio di girasole del mondo proviene dalla Russia, anche se il girasole ha avuto origine nel Nordamerica centrale.

Furono gli Indiani delle Grandi Pianure a domesticare il girasole a partire dal suo antenato selvatico. Da qui la pianta si diffuse in Messico e arrivò infine in Europa in epoca coloniale.

Origine e diffusione del girasole

Il corpo di una pianta

Ogni girasole nasce dal minuscolo ributto di un altro girasole o da un seme più piccolo di un'unghia delle tue dita, ma può crescere tanto da superare in altezza una persona adulta.

Come la maggioranza delle piante che fioriscono, il girasole ha radici coperte di peli che assorbono l'acqua e i sali minerali dal suolo. E questo intrico di radici serve anche ad assicurare la pianta al terreno.

Gran parte dei nutrienti prodotti dalle foglie del girasole è destinata ad alimentare i semi durante la loro crescita; così i semi incamerano tutto ciò che servirà a far crescere le pianticelle quando sbocceranno. Il rimanente va al resto della pianta: radici, foglie, steli.

Il gambo trasporta l'acqua e i sali minerali raccolti dalle radici a tutte le parti della pianta. Inoltre distribuisce il nutrimento proveniente dalle foglie, che mediante la fotosintesi ottengono sostanze nutritive a partire da acqua, aria e luce solare.

Una testa piena di fiori

Un fiore del disco visto da vicino

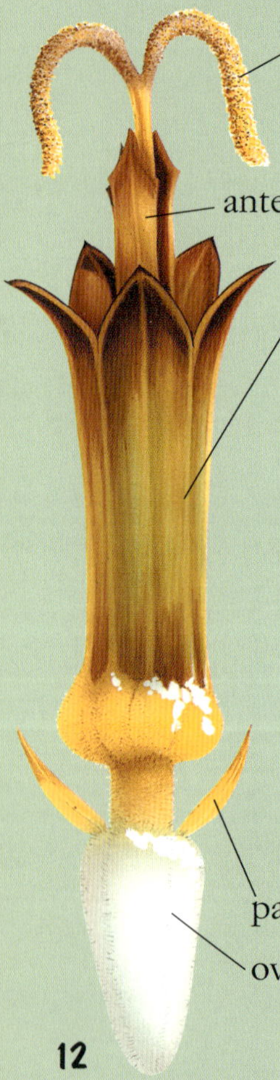

La testa di un girasole fiorito è bordata da un cerchio di piccole foglie gialle, i fiori radiali, che sono sterili, vale a dire che non producono semi. All'interno del cerchio, tutta la testa è occupata dai fiori detti fiori del disco. Solo questi produrranno gli acheni, i frutti del girasole che contengono il seme.

Un fiore radiale visto da vicino

Il fiore del disco è composto dalla corolla, una specie di tubo formato da cinque petali uniti. Sotto la corolla c'è l'ovario, dove si formerà il seme. Dentro la corolla si trovano le antere, che fabbricano il polline, e lo stigma, che cattura il polline rilasciato da altri fiori.

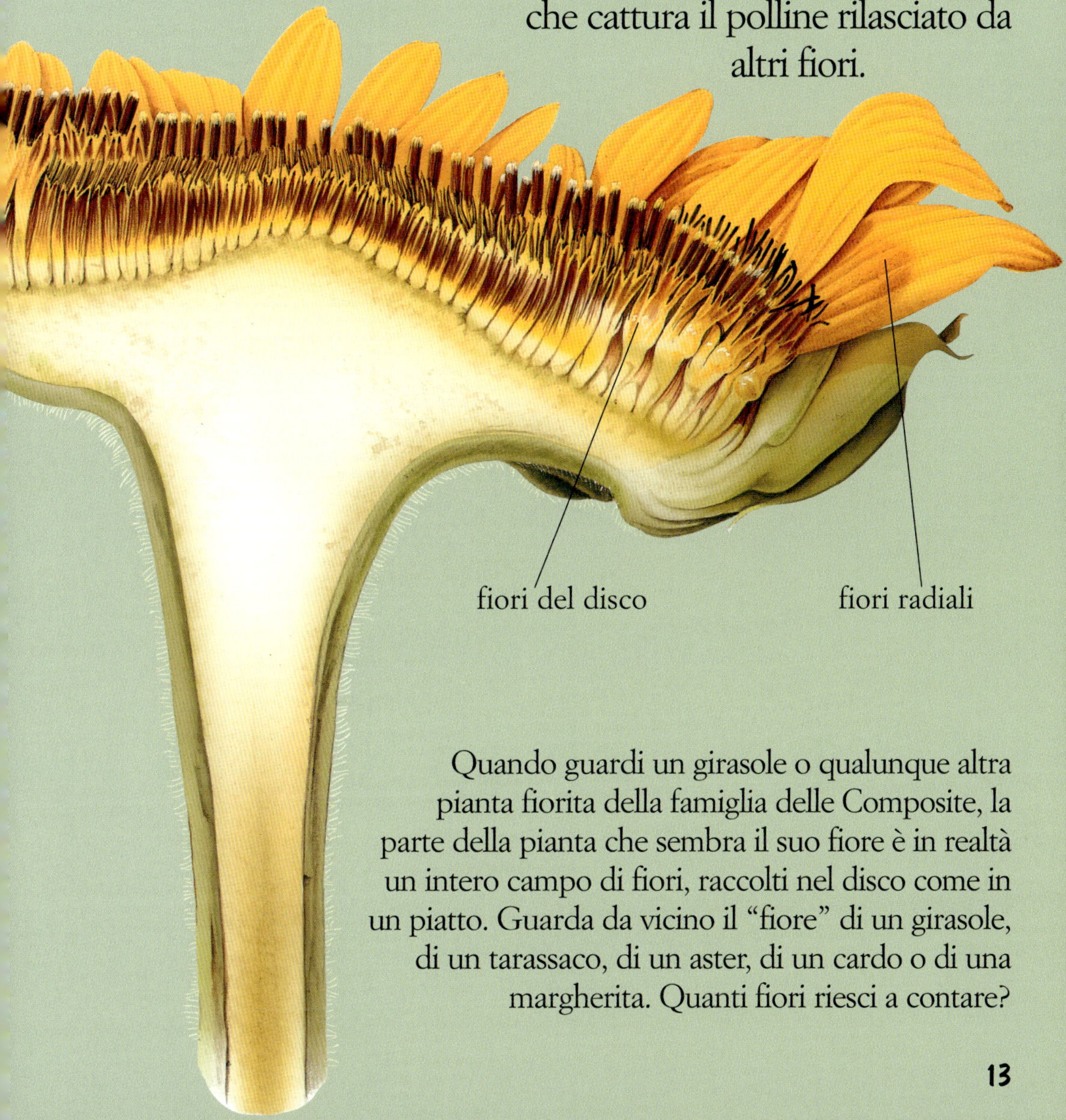

Quando guardi un girasole o qualunque altra pianta fiorita della famiglia delle Composite, la parte della pianta che sembra il suo fiore è in realtà un intero campo di fiori, raccolti nel disco come in un piatto. Guarda da vicino il "fiore" di un girasole, di un tarassaco, di un aster, di un cardo o di una margherita. Quanti fiori riesci a contare?

Il polline: polvere miracolosa

Quando un fiore del disco inizia a sbocciare, in un primo momento solo le antere sono visibili al di sopra dell'orlo della corolla. Le antere sono unite a formare un tubo, che si riempie di polline quando si aprono.

Poi, nelle prime ore di una mattina d'estate, dal tubo delle antere spunta lo stigma e spinge fuori il polline. Così, le api o altri insetti possono raccoglierlo e portarlo altrove. Il giorno dopo lo stigma si divide in due fili, e adesso può catturare anche il polline di altri fiori.

Questo modo del girasole di "presentare" il polline fa sì che gli stigmi possano venire in contatto col polline di altre piante. Quando invece nessun polline estraneo arriva allo stigma, esso si piega in basso per attingerlo dal proprio fiore.

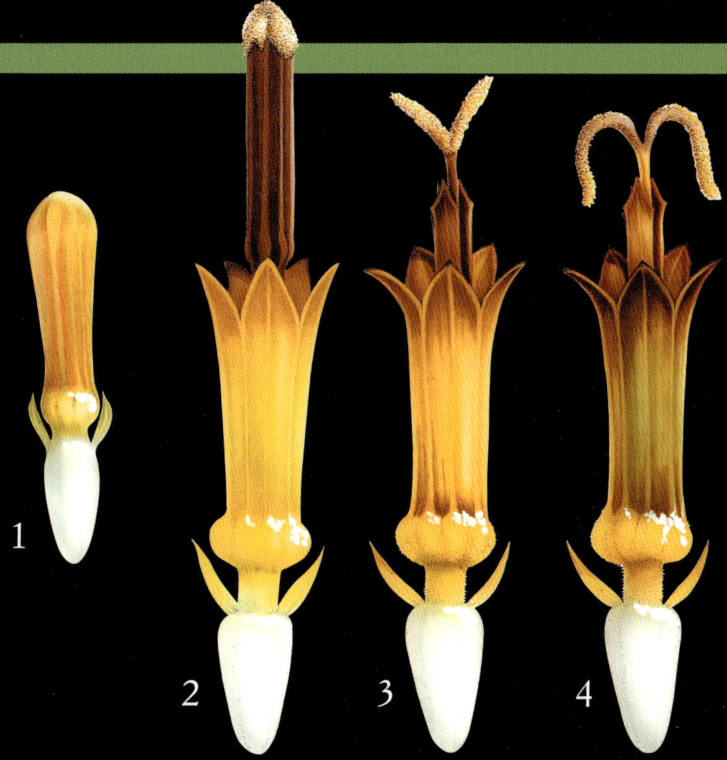

Sopra: le fasi di sviluppo di un fiore del disco:

1. Un fiore del disco prima di sbocciare.
2. La presentazione del polline: lo stigma esce dal tubo delle antere e spinge fuori il polline.
3. Lo stigma si apre, e ora è in grado di ricevere polline estraneo.
4. Lo stigma si apre ulteriormente. Se non riceve il polline di altri girasoli, può curvarsi fino a raggiungere il proprio polline nel tubo delle antere sottostante.

A sinistra: un girasole in piena fioritura.

Come nasce un seme

I girasoli inducono le api a portare il polline da un fiore all'altro producendo nettare, un liquido dolce ricercato dalle api per fare il miele e per nutrire le loro larve. Quando le api si posano per succhiarlo, i granelli gialli del polline si attaccano alle loro zampe. Così, volando da un girasole all'altro, le api provvedono all'impollinazione, cioè a portare polline da una pianta all'altra.

A contatto col fiore il polline produce un tubetto lungo e sottile che scende attraverso lo stigma e penetra nell'ovario che sta in fondo, fecondando l'ovulo. Polline e ovulo contengono ognuno metà delle istruzioni genetiche necessarie per dar vita a un nuovo girasole. Dall'unione di queste due metà seguirà la formazione del seme di una nuova pianta. L'ovulo fecondato diventerà seme, mentre l'ovario formerà il guscio esterno dell'achenio.

L'impollinazione della maggioranza dei girasoli dipende dall'azione di insetti che frequentano la pianta. Tra questi il primato spetta alle api. Quando non ci sono abbastanza api in giro, molti fiori non verranno fecondati e molti acheni saranno dei gusci vuoti senza semi.

Semi e acheni

Il guscio esterno duro dell'achenio maturo racchiude sempre un unico seme, avvolto da una pellicina sottile, detta tegumento seminale. Il seme ha forma appuntita da una parte e arrotondata dall'altra. La punta è la radicola, cioè l'embrione della futura pianticella. La parte svasata è occupata da due cotiledoni, le foglie seminali piene di sostanze nutritive.

Se il seme germina, la giovane pianta vivrà di queste sostanze finché non sarà in grado di produrle da sé mediante fotosintesi. Ma sono tanti i semi che non arrivano a germinare, perché vengono mangiati prima dagli animali. Molti uccelli sono infatti ghiotti di acheni, e anche i topi li apprezzano; se non li divorano sul posto, ne fanno provvista.

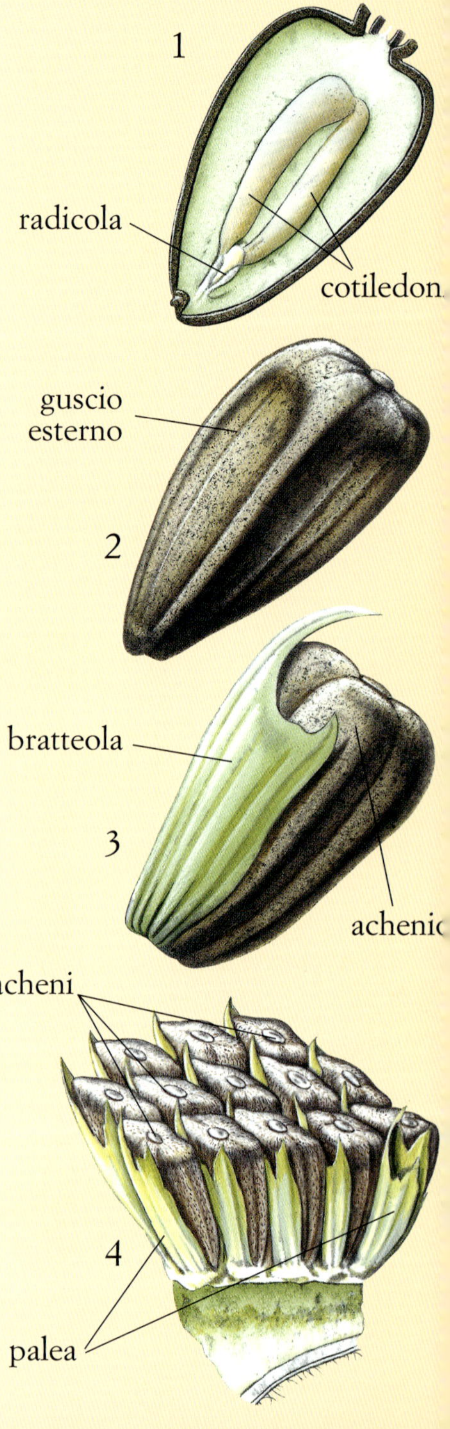

A fronte:
1. Interno di un achenio di girasole.
2. Guscio esterno dell'achenio.
3. Gli acheni attaccati alla testa del girasole sono separati da piccole foglie (bratteole).
4. L'insieme di queste bratteole forma un involucro chiamato palea.

Cardellino
(Carduelis carduelis)

In alto a destra: i cardellini mangiano gli acheni del cardo, del tarassaco e del girasole. Altri uccelli, come le cince, li mettono anche da parte per avere una riserva di cibo.

A destra: puoi comprare semi e acheni di girasole in un negozio o al mercato. Se i "semi" hanno il guscio, in realtà hai comprato acheni. Il seme vero e proprio è nascosto dentro.

Le tre età del girasole

Se guardi da vicino la testa di un girasole fiorito da poco, noterai che sul bordo del disco i fiori stanno già formando acheni, mentre quelli al centro sono ancora chiusi. Infatti, i fiori esterni sono i primi a svilupparsi, quelli interni sono più giovani.

Man mano che la testa cresce, i petali dei fiori del disco appassiscono e si seccano. Il disco comincia così a scurirsi e la testa si china per il peso degli acheni in fase di sviluppo. Allo stesso tempo le piccole foglie che stanno dietro la testa, le bratteole, ingialliscono cessando di fotosintetizzare.

Durante la crescita dei fiori, la testa del girasole si muove seguendo il sole per averlo sempre "in faccia". Tuttavia, già alla piena fioritura questo movimento rallenta e infine si ferma. A questo punto, la testa rimane di solito rivolta verso est.

Da sinistra a destra: varie fasi di vita di un girasole, dall'inizio alla fine della stagione.

Spesso si sente dire che i girasoli volgono la testa in direzione del sole, ma questo non è poi una caratteristica tanto esclusiva. In effetti, molte piante verdi tendono a girarsi verso il sole per esporsi meglio alla luce solare, indispensabile per la fotosintesi.

Girasoli d'America

L'antenato selvatico del girasole domestico ebbe origine nelle Grandi Pianure da dove si diffuse in tutto il Nordamerica, e gli Indiani d'America ne mangiavano gli acheni da sempre. La domesticazione della pianta risale a più di 4.000 anni fa. Facendo crescere i girasoli nei loro orti, gli Indiani selezionavano via via le piante con le teste più grandi e gli acheni più grossi.

Per fare il "raccolto" gli Indiani tagliavano le teste dei girasoli, le lasciavano seccare al sole, e poi le battevano per separarne gli acheni maturi. I semi venivano schiacciati per ottenere una specie di burro o bolliti per estrarne l'olio. Arrostiti sulla brace si potevano macinare per farne farina. Una parte del raccolto veniva insaccata come provvista per l'inverno, mentre i semi migliori delle teste più grosse si mettevano da parte per ripiantarli l'anno successivo.

Gli Indiani d'America usavano il girasole non solo a scopo alimentare. Dagli acheni e dai fiori radiali gialli ricavavano coloranti. Con petali essiccati e polline si preparava una pittura per il viso. L'olio estratto dai semi macinati e bolliti non si usava solo per cucinare, ma anche per curare i capelli. La linfa viscosa del gambo si applicava alle ferite. Il girasole forniva rimedi per ogni sorta di mali – dalle verruche ai morsi dei serpenti, alle scottature e insolazioni.

Girasoli in pericolo

Il girasole ha diversi nemici tra gli insetti. Uno dei più pericolosi è il tonchio del girasole. All'inizio dell'estate, questo scarabeo fora i gusci degli acheni in fase di crescita e depone le sue uova nei semi, oppure le lascia sui fiori del disco. Quando le larve escono dalle uova si nutrono dell'olio contenuto nei semi. Alla fine dell'estate le larve dei tonchi escono dal guscio dell'achenio e cadono a terra. Trascorreranno l'inverno sotto terra, per riuscire all'aperto l'estate successiva da scarabei adulti – una nuova generazione di tonchi che infesterà le nuove piante.

Il tonchio del girasole *(a sinistra)* depone le uova negli acheni dei girasoli. Le sue larve, che divorano i semi, possono distruggere campi interi di girasoli, come quello che si vede a destra.

Nell'Europa centrale e orientale esistono più di 240 specie di insetti nocivi che danneggiano i girasoli, nell'America settentrionale 150.

I girasoli e la scienza

Lo studio dei girasoli ha insegnato molto ai botanici sulla crescita e sull'evoluzione delle piante. Hanno scoperto, per esempio, che girasoli domestici e selvatici si possono ibridare, ovvero incrociarsi. Significa che un girasole selvatico può essere fecondato dal polline di un girasole domestico, e viceversa. In genere, i semi risultanti producono piante che riuniscono le caratteristiche di ambedue i "genitori". Ma se gli incroci si ripetono può anche accadere che nascano piante assai diverse dalla "coppia" originaria.

D'altra parte, lo studio parallelo degli insetti che sfruttano il girasole permette di cercare il modo per rendere le piante più resistenti a infestazioni e malattie.

A sinistra:
una ricercatrice in laboratorio mentre esamina un girasole. Se ti piace stare all'aperto e ti piacciono i girasoli, anche tu puoi studiarli. Il modo migliore per cominciare è guardare i girasoli nei campi. Osserva come cresce un girasole tornandoci di tanto in tanto. Fai attenzione agli insetti che frequentano la pianta e cerca di capire che cosa ci fanno. Prendi appunti su ciò che vedi e fai disegni per ricordare.

A fronte, in basso:
una cavalletta "a tavola" su un girasole.

Che cosa vuol dire... ?

botanico scienziato che studia le piante.

clorofilla sostanza che determina il colore verde nelle piante. Svolge un ruolo fondamentale nel processo della fotosintesi.

domesticare fin dalla preistoria, l'uomo ha domesticato piante e animali selvatici per poterli coltivare, o allevare, allo scopo di sfruttarli meglio. La domesticazione si ottiene sorvegliando la riproduzione e selezionando via via gli esemplari più adatti ed escludendo gli altri.

embrione primo periodo della vita, precedente alla nascita, di animali e piante. L'embrione di una pianta sta nell'interno del seme, l'embrione di un animale nell'uovo o nel grembo della madre.

epoca coloniale riferito all'America settentrionale: tempo in cui le terre occupate dai coloni europei formavano ancora possedimenti dei loro paesi d'origine, prima che nascessero gli stati indipendenti.

evoluzione processo graduale e continuo per cui animali e piante si modificano e si diversificano. L'evoluzione porta alcune specie a perfezionarsi e a predominare, mentre altre, meno fortunate, cedono il passo o si estinguono.

famiglia nella classificazione di animali e piante, raggruppamento superiore che comprende più specie.

fecondare quando il seme maschile di un animale o di una pianta viene a contatto con l'ovulo femminile, lo feconda, predisponendolo a dare vita a un nuovo essere della stessa specie.

fotosintesi funzione indispensabile per ogni forma di vita sulla Terra, svolta dalla clorofilla contenuta nelle

parti verdi delle piante. Sotto l'azione della luce solare, le piante producono carboidrati, indispensabili alle cellule sia animali che vegetali. Gli animali, e con essi gli esseri umani, sono incapaci di fotosintesi, e quindi dipendono per questa funzione dalla clorofilla contenuta nelle piante che mangiano.

infestare si dice di insetti nocivi che si insediano sulle piante in tale numero da sopraffarle o distruggerle.

larva molti insetti, dopo l'uscita dall'uovo, passano da stadi di sviluppo in cui non assomigliano ancora ai loro genitori adulti; uno di questi stadi è la larva.

nettare liquido zuccherino prodotto da molti fiori con l'unico scopo di attrarre gli insetti in modo che portino il polline da un fiore all'altro, facilitando la fecondazione.

polline polvere, solitamente di colore giallo, prodotta dai fiori maschili delle piante. È composta di minuscoli granelli contenenti le cellule maschili capaci di fecondare l'ovulo del fiore femminile.

riprodursi generare nuovi esemplari della propria specie.

sali minerali sostanze sciolte nel terreno che le radici delle piante estraggono dal suolo insieme all'acqua; sono essenziali per l'alimentazione delle piante.

specie insieme di piante o animali con caratteristiche fisiche molto simili e capaci di riprodursi tra di loro.

sterile che non può essere fecondato; incapace di riprodursi.

Crediti fotografici

pagine 7, 12-13, 22-23: © Giuliano Cappelli
pagina 24: © Bettmann/Corbis
pagina 25: © Lowell Georgia/Corbis